우리는 어디로 가는가

문학고을시선 · 17

우리는 어디로 가는가

초판 1쇄 발행 | 2023년 2월 27일

저 자 | 류승규

펴 낸 곳 | 도서출판 문학고을
펴 낸 이 | 조진희
편 집 자 | 조현민
주소 | 경기 부천시 삼작로317번길 15 (여월동)
서울사무실 | 서울시 강남구 학동로38길 38 (논현동) 204호
전화 | 02-540-3837
이메일 | narin2115@naver.com
등록 | 제2020-111176호

ISBN 979-11-92635-06-4 03810
정가 12,000원

© 류승규, 2023

* 이 책의 판권은 지은이와 도서출판 문학고을에 있습니다.
* 잘못된 책은 구입처에서 교환해 드립니다.

문학고을시선 · 17

우리는 어디로 가는가

류승규 시집

문학고을

| 시인의 말 |

　평범한 직장인으로서 이순耳順이 넘어 어느 날 문득 습작을 시작한지 2여년. 이제 부끄러움을 무릅쓰고 시집이라는 것을 내어 봅니다.
　돌아보면 누구나 그렇듯 정신없이 공부하고 결혼하고 직장생활하고 그렇게 세월은 지나고, 이제 거울속의 내가 낯선 나이가 되었습니다. 이 세상을 살아가는 사람들이 다들 그러하듯 나 또한 소리 없이 왔다가 바람처럼 가는 인생이라는 생각에 허전한 마음이 들기도 하는 나이입니다. 그럴 즈음 다행히도 나의 내면에 문학적 소질이 조금이나마 있음을 깨닫고, 내 지나온 삶을 흔적으로나마 남긴다는 심정으로 감히 시집을 내기로 용기를 내어 보았습니다.
　일찍이 금아琴兒 피천득皮千得 선생은 "진정한 시인은 가난하고 그늘진 자의 편에 서야하고, 그런 삶을 마다 하지 않아야 한다"라고 말씀하셨습니다. 이제 시인의 문턱에 막 들어선 초보라 진정한 시인이란 언감생심焉敢生心이지만 부족하나마 부박한 세상을 살아가는 사람들에게 조금이나마 위로를 주고 희망을 선사하는 시인이 되리라 스스로에게 다짐해 봅니다.

  서툴고 투박한 시를 읽어주신 독자 여러분과, 시인의 길로 이끌어 주신 『문학고을』 조현민 회장님께 감사를 드립니다.

― 송현松峴 류승규柳承奎 배상

| 시집 출간을 축하하며 |

 아마 2년 전 쯤이었을 것이다. 가까운 지인들끼리 주고받는 카톡 방에 시詩 한 수가 올라왔다. 생뚱맞게 시라니. 그것도 항간에 나도는 기성 시인의 작품이 아니라 자작시自作詩라….
 처음에는 그냥 그러려니 했다. 본인 말대로 한가한 틈을 타 재미삼아 긁적여본 사색의 파편쯤으로 여겼다. 이후 이런 일이 심심찮게 되풀이 되고, 얼마쯤 뒤에는 그 시라는 것이 단순한 언어의 유희가 아니라는 것을 느끼면서 새삼 눈여겨보게 되었다.
 고교 시절부터 지금까지 희로애락을 줄곧 같이 해온 세칭 50년 지기知己 아닌가. 신언서판身言書判은 기본이고 드물게 인품과 능력까지 겸비한, 잘난 친구인줄은 익히 알고 있었지만. 그러나 문학에, 그것도 문학의 꽃이라는 시에 남다른 소양을 갖고 있을 줄은 미처 알지 못했다. 물론 누구나 시를 좋아하고 읊을 수는 있다. 하지만 아무나 쓸 수 있는 것은 아니지 않은가. 나중에 들은 얘기지만 본인도 자신의 내면 깊숙한 곳에 있는 샘물을 길어 올릴 긴 두레박줄(修練)이 있는 줄 몰랐다고 했다.
 아무튼 카톡 방에 시는 꾸준히 올라왔고 카톡 방 식구들도 하나같이 상찬을 아끼지 않았다. 싸구려 덕담이나 립 서비스가 아닌 진심어린 성원이었다.
 그렇게 올라온 시가 어느 정도 쌓여갈 즈음. 우리들

끼리 돌려보며 즐기고 버리기에는 너무도 아깝다는 생각이 들었다. 이참에 정식으로 등단登壇에 도전해보는 것은 어떠냐고 등을 떠밀었다. 당장 본인은 언감생심焉敢生心이라며 펄쩍 뛰었다.

본디 이런 일은 당사자가 머리를 깎지 못하는 법. 나를 포함한 주변의 채근과 성화가 빗발쳤고, 결국 두 군데 공모에 동시에 응해 보기 좋게 나란히 입선했다. 마침내 등단에 성공해 시인이 된 것이다. 감개무량했다. 시인 본인은 말할 것도 없고, 함께 응원을 했던 벗들과 친지들 모두. 뜻 맞는 좋은 친구에 더하여 훌륭한 시인까지 곁에 두었으니 그야말로 비단에 꽃을 수놓은 격 아닌가.

그렇게 뿌듯한 심사로 들떠 있는데 얼마 전 시집詩集을 준비한다고 했다. 날개를 달았으니 창공에 한껏 날갯짓하는 것은 당연지사. 거기까진 좋았는데 이번에는 시집에 들어갈 축하 글 한마디가 필요하단다. 재빨리 눈치를 채고 말 떨어지기 바쁘게 손사래를 쳤지만 애당초 시단詩壇으로 등 떠민 원죄를 피할 길 없으니 어쩌랴. 어쭙잖은 췌언贅言이지만 습작으로 시작해 정식으로 등단하기까지 곁에서 지켜본 경과보고로 축하의 글에 갈음한다.

— 정치학박사 김광인 배상拜上

| 목차 |

4　　　시인의 말
6　　　시집 출간을 축하하며 | 김광인

제1부 우리는 어디로 가는가

14　　　우리는 어디로 가는가
16　　　살아있음이 희망이다
18　　　인생길
19　　　길
20　　　나는 누구인가
21　　　구도
22　　　안개
23　　　삶
24　　　인생길
25　　　그날이 오기 전에
26　　　삶이 고독할 지라도
28　　　꽃과 달
30　　　산다는 것
31　　　바람따라 구름따라
32　　　해와 달
33　　　도시의 밤거리
34　　　황혼의 멋진 삶
35　　　삶의 의미
36　　　수몰민水沒民
37　　　도시의 여름
38　　　목을 매고 있다
39　　　산을 오르다
40　　　오징어 게임
41　　　맛의 역설

42 사랑도 미움도
43 버리자
44 번뇌
45 가끔은

제2부 내 사랑 그대

48 내 사랑 그대
49 내 마음에 봄이 오면
50 회상
52 강변에서
53 추억은 사랑보다 진하다
54 세월이 흐른 뒤에도
56 첫눈이 내리고
58 살다가 힘이 들 때
60 당신이 행복하면 좋겠습니다
62 보고 싶으면 만나자
63 그대 사랑 안에서
64 사랑이 지나가도
65 오늘은 왠지
66 강 언덕에서
67 살아 있을 때 사랑하라
68 사랑하는 딸에게
69 소중한 아들에게
71 고유제告由祭
72 벗에게
74 결혼을 축하하며

75	사랑이란
76	우리는 서로
77	꿈에 본 그대
78	혼자만의 아침을

제3부 세월은 흐르고

80	산골 농부
82	어촌일상
84	입춘서설立春瑞雪
85	봄비
86	봄을 기다리며
87	봄이 오면
88	봄비 내리는 날
89	봄의 정취
90	봄으로 온 당신
91	봄 향기 가득한 날에
92	사월의 노래
93	고향 생각
94	고향의 여름
95	가을밤
96	산사의 가을
97	단풍숲 속으로
98	시월의 어느 멋진 가을날에
99	가을 단상
100	가을을 마시고 사랑을 마신다
101	겨울 초입에서
102	겨울은 문앞에 있는데

103 눈 내리는 겨울밤
104 화암사 가는 길
105 산사의 밤
106 항구가 보이는 창가에서
107 풀꽃
108 억새꽃
109 첫눈
110 토왕성 폭포를 보고
111 세월은 간다
112 이렇게 살고싶다

제4부 시절가時節歌

114 길 위에서
116 봄비
117 봄밤
118 만추晩秋
119 나그네
120 우리네 인생
122 동창희
124 추월가秋月歌
126 낙화유수落花流水
127 범이 내려왔네
128 개판이네
130 독야송獨也松

132 심사평

140 해설 우리가 어디로 가느냐고 묻는 것은? | 김신영

제1부
우리는 어디로 가는가

우리는 어디로 가는가

달도 없는 깊은 밤에
찬바람 맞으며
어디로 그리 달려가는가

가로등만 한가한
인적 없는 도시를 벗어나

산기슭을 돌아 넘어
등불 켜진 오두막을 뒤로하고

저 멀리 한 점 떠도는
배 한 척이 보이는 포구를 지나

우리는 어디로
그리 바삐 달려가는가

가다가 가다 보면
먼 산이 밝아오고

세상은 잠에서 깨어나
또 하루가 시작되는 걸

우리는 어디로
그리 바삐 달려가는가

— 문학고을 2022년 여름호 시부문 신인상 당선작
— 한국문학예술 2022년 여름호 시조부문 신인상 당선작

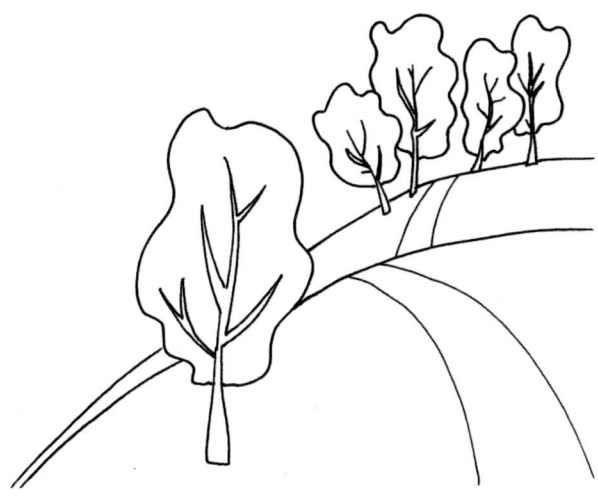

살아있음이 희망이다

산하는 한설에 묻히고
하늘도 얼어붙었다
사위는 어둠에 묻혀
적막에 싸였다.

그래도 땅속 깊은 곳엔
한 알의 씨앗이 살아있고
고목 옆 바위 밑에는
생명이 숨 쉬고 있다.

괴롭고 힘든 삶일지라도
부둥켜안고 살다 보면
눈물이 웃음이 되고
고통이 추억이 되지 않겠는가.

산기슭 초가집 등불 아래
해맑게 잠자는 아이가 있기에
우리에겐 내일이 있다.

해가 뜨면 어둠이 걷히고
겨울이 가면 봄이 오듯

좌절을 뿌리치고
열심히 살아보자
이렇게 살아 있음이
희망이 아닌가.

— 문학고을 2022년 여름호 시부문 신인상 당선작

인생길

떠도는 구름을 쳐다보며
스치는 바람을 뒤로하고
강물을 벗 삼아 걸어왔네

향기로운 꽃밭길 지나
장맛비에 온-몸 적시고
낙엽 쌓인 산기슭 돌아서
눈밭에 발자국 남겼네

소녀에게 맘 설레기도 하고
청운을 꿈꾸며 온밤 새웠지
세상 다 가진 듯 호기 부렸고
삶의 무게에 지쳐 울기도 하였다.

지나 온 먼 길 뒤돌아보면
이제 뭔가 알 것도 같은데
남은 건 아쉬움과 회한뿐

그래도 가야 할 길이 있기에
오늘도 혼자 길을 나선다.

길

길은 어둡고 험하여
끝이 보이지 않아도
길은 길로 이어지고
결코 끝나지 않는다

바람처럼 스쳐가는
인연의 들판에서
파도처럼 밀려드는
욕망의 언덕에서

고갯길이 가파르면
잠시 쉬었다가 가고
갈림길이 나타나면
끌리는 쪽으로 가면 그뿐

새털 같은 마음으로
구름 속을 거닐 듯
오늘도 한걸음 한걸음
나만의 길을 간다

나는 누구인가

구름이 하늘이 아니듯
나무가 숲은 아니다

햇빛이 하늘이 아니듯
비는 대지가 아니다

눈을 감고
하늘과 숲과 대지를 보고
지나가는 바람에게 물어보자

구도

근심 걱정 고통은
어디에서 오는가

번뇌와 망상은
왜 이리 많은지

세상사 모든 것은
지나가는 바람

몸뚱이조차
자기 것이 아니거늘

욕심부려 뭣 할 거며
집착한 들 어찌하리

그저 모든 것
다 내려놓으면

자신이 부처이고
극락이 바로 여긴 걸.

안개

봄 안개가 자욱이 내리면
잃어버렸던 자유를 찾는다.

지난겨울 추위의 고통도
지금 신록의 환희조차도

집착과 욕망을 놓아버리면
연민과 사랑만 남는 걸

보이는 것에서 벗어 남은
진정한 축복이 아닌가.

삶

삶이 무어냐 물으신다면
꽃 피고 새 우는
따뜻한 봄날이라 하지요

삶이 무어냐 물으신다면
비바람치고 햇볕 쏟아지는
뜨거운 여름날이라 하지요

삶이 무어냐 물으신다면
오곡백과 풍성한
시원한 가을 날이라 하지요

삶이 무어냐 물으신다면
흰 눈이 세상을 덮어버린
몹시 추운 겨울날이라 하지요

삶이 무어냐 또 물으신다면
○ ○ ○ ○ ○ ○ ○
오늘 바로 이 순간이라 하지요

인생길

누구나 혼자 걷는 이길
멀고도 험하다 하지만

비바람에 온몸을 적시고
눈보라에 손발이 얼어도

때로는 화사한 꽃길
풍성한 가을날에

따뜻한 차 한 잔을 앞에 놓고
정담 나눌 시간도 있으니…

되돌아갈 수도 없고
어디까지 인지도 알 수 없지만

다만, 내 지나간 흔적이
뒷사람에게 방해되지 않기를

그날이 오기 전에

그날이 오기 전에
조금씩 짐을 내려놓아야겠다

어차피 무엇 하나
가져갈 수도 없지 않는가

집착마저 벗어버리면
슬픔도 아픔도 별것 아닌 걸

사랑은 이곳에 두고
미움은 버리고 가야지

한줄기 바람처럼 떠나갈
그날이 오늘이 되더라도

한줌 미련이 남지 않도록
조금씩 짐을 내려놓아야겠다

삶이 고독할 지라도

오는 것도 가는 것도
살아가는 것도
오로시 혼자 만의 몫 일지니

뜨거운 애정도 소중한 우정도
진정한 내 삶을
대신 살아주진 못하는 것

억겁의 인연으로 왔다가
수많은 사연을 만들었지만
갈 때는 다 버리고 혼자인 것을

고독한 삶은
인간의 숙명이니
외로움을 두려워 말지니

고독을 즐긴다면
살아있음이
분명 축복이 되는 것

울면서 왔지만

갈 때는 담담히
웃으며 가자

꽃과 달

인생이란
자신에게 주어진 삶의 무게를
묵묵히 짊어지고 가는 것

살아가는 동안
수많은 절망과 상처와 아픔을
달래가며 걸어가는 것

생의 마지막 순간까지
시간을 휘적이며 소박하고
참된 진실에 다가가는 것

굴곡진 삶의 여정에서
최상의 벗은 자기 자신이니
그로부터 희망을 찾아가는 것

어두울수록 등불은 밝아지고
구름을 뚫고 산에 오르듯
고독한 영혼속에 햇살이 펼쳐지면

사람마다 따뜻한 가슴과
선한 눈을 회복하고

마음 빈 곳마다 착한 심성과
고운 배려로 채워진다면

이 세상
보이는 것은 모두 꽃이고
생각하는 것은 모두 달이다

산다는 것

세월의 한편에 비켜서
미동도 하지 않는
태산처럼 살리라

가장 낮은 곳에서
모든 걸 받아주는
바다처럼 살리라

가장 높은 곳에서
유유자적 떠도는
구름처럼 살리라

모자라면 채워주고
가득차면 덜어내는
물처럼 살리라

소리 없이 왔다가
흔적 없이 사라지는
바람처럼 살아가리라

바람따라 구름따라

바람이 불어오는 곳을 아는가
구름이 흘러가는 곳을 아는가

바람 같고 구름 같은 우리 인생
오는 곳도 가는 곳도 모르네

겨울 가고 봄이 오듯
미움도 그리움도 한순간

꿈같은 세월 저만큼 가고
긴 그림자만 남았네

미련도 집착도 다 버리고
바람 따라 구름 따라

해와 달

흑단 같은 머리에
흰서리 내리고

살구 같은 홍안에는
깊은 주름 뿐인데

지나온 삶의 무게에
등조차 굽었구나

긴 세월 수많은 사연
곱씹은 들 무엇하리

서쪽 하늘 남은 해는
구름을 붉게 물들이니

이제 곧 어둠이 내리면
환한 달이 되어보자

도시의 밤거리

안개 낀 거리에 어둠이 내리면
도시는 유리창 속 목욕탕 같아

뿌옇게 반짝이는 네온사인 아래
분주한 사람들이 더욱 낯설다

어디선가 들려오는 종소리에
언덕 위 성당은 실루엣만 보이고

수많은 교회의 십자가 잔영은
왜 그리 흐릿하기만 한지

어깨를 부딪치며 밤새 걸어도
도시의 밤거리는 사막 가운데

— 문학고을 제7시선집 수록작

황혼의 멋진 삶

힘차게 떠오르는 해도 좋지만
저녁연기와 노을이 함께하는
저물어 가는 석양도 멋있지요

두근거리는 첫사랑도 좋지만
진정 아끼고 위해줄 수 있는
마지막 사랑이 더 멋있지요

남 부러워하는 출세도 좋지만
누가 뭐래도 마음이 평화로운
나만의 만족은 더욱 멋있지요

젊음 가득한 청춘도 좋지만
한걸음 물러서 볼 수 있는
여유로운 황혼이 더더욱 멋있지요

삶의 의미

사랑하고 미워하고, 울고 웃고
기뻐하고 괴로워할 수 있는
이 순간이 얼마나 소중한가

길섶에 피어 있는 작은 풀꽃과
바람에 떨어지는 가랑잎조차
내 삶의 소중한 의미가 된다

아름다운 삶의 순간순간이
짧은 시간 속에 묻혀가는 것에
안타깝게 가슴 졸인다.

타는 촛불을 바라보는 심정으로
기뻐하고 괴로워하며
진심으로 더 많이 사랑해야겠다

— 문학고을 제8시선집 수록작

수몰민 水沒民

깊은 물속 어디에는
깔깔 되는 동무들의 웃음소리

호숫가 어디에는
밭 가는 농부들의 소모는 풍경

뒷동산 자락만 하늘 끝에 있고
노송은 어디가고 버드나무만 우거져

흰구름은 변함없는데
눈앞에는 서글픈 망망대해

도시의 여름

도시의 여름은 추위에 떨고 있다
사람들은 감기 몸살에 걸릴까
긴소매 옷을 입고 몸을 움츠린다

남극의 얼음이 녹아내리고
겨울에 바나나가 열린다는
온난화는 이상한 이야기다

시베리아 바람이 불어오고
따뜻한 차 한 잔이 생각나는
도시의 여름은 분명 겨울이다.

— 문학고을 제7시선집 수록작

목을 매고 있다

어떤 이가 목을 매고 있다
무소불위의 권력에

어떤 이도 목을 매고 있다
황금빛 돈벌이에

다른 이도 목을 매고 있다
선망어린 명예에

그따위는 꿈도 못 꾸는 이는
목구멍에 목을 매고 있다

모두들 이유도 없이
목을 매고 있다

하기야 이유가 있어야
되는 것 인지도 모르겠다

이 순간 누군가는 고통스럽게
목을 매고 있을지도 모르겠다

산을 오르다

이리저리 헤매다
들머리 찾아 산을 오른다

내를 건너 골짜기 지나
산죽 숲 헤쳐가니 지겨운 너덜 길

고개를 넘고 넘어 능선 길
깔딱 고개는 이제 마지막 인가

정상의 기쁨도 잠시일 뿐
하산 길 발걸음 무겁기만 한데

등산 길의 내리막이
하산길 오르막이 되었네

발아래 보이는 동구 길이
왜 이리 멀기만 한지

오늘도 이렇게 나만의
또 하루가 저문다

오징어 게임
－우크라이나의 비극－

돌진하던 시즈탱크 머리통은
샴페인 마개처럼 터져 오르고

번개처럼 날아오르던 레이스는
밤하늘의 별똥별이 되었고

철옹성 같던 베틀 크루저는
폭죽처럼 흩어져 가라앉았다.

한편에선, 아이템은 불타나고
코인은 시체더미 처럼 쌓였다.

맛의 역설
-거세우의 행복-

몹시 추운 어느 겨울날
따뜻한 우리 안에서 태어났네
젖을 뗄 무렵부터 거친 풀 대신
귀하고 맛있는 곡식을 마음껏 먹었어
날씨가 더워지자 시원하게 선풍기도 틀어 주었어

어느날 갑자기 내 불알이 없어져 버렸어
며칠간 몹시 아팠지만 곧 잊어버렸지
이제 내 몸집은 어른이 다 되었는데도
일을 하지 않아 정말 좋았지
매일 맛있는 것만 먹고 잠만 자니
나는 숨쉬기도 힘들게 살이 쪘었지

행복하던 어느 날 커다란 건물로 들어갔는데
들어서자마자 머릿속이 하얗게 정신을 잃어버렸어
얼마 후 내 몸은 갈가리 찢어져 불판 위에 올려져 있었어

아! 이제서야 알았네
그간 내가 왜 행복했는지
갑자기 내 불알이 없어진 이유도

사랑도 미움도

사랑하는 일도 어렵고
미워하는 일은 더욱 어려워라

사랑하려 다가서면
밤 하늘 별처럼 멀어지고

미워하려 돌아서면
어여쁜 꽃송이로 다가오네

주저앉아 먼 하늘 쳐다보니
가슴속은 가을바람이라

흐르는 것도 물이요
머무르는 것도 물이라 하니

이것저것 그만두고
물처럼 살으리라

버리자

쓰레기를 모조리 버리자
좌절과 절망감, 실패의 경험부터
조그만 성공에서 오는 오만함까지

이제 모두 버릴 때가 되었잖아
깨끗이 청소하고 비우자
빈 곳이 있어야 새롭게 채우지

한때 소중했던 것일지라도
세월이 가면 계절도 바뀌고
미련 없이 모두 버리잖아

버려야 할 때를 아는 순간
단풍은 더욱 아름답게 불타고
새봄은 신록으로 다시 빛난다

번뇌

깊은 산속 절마당
낙엽을 쓸고 있다

오늘따라
바람이 많이 분다

사미승의 이마엔
땀이 맺히고

쓸어도 쓸어도
낙엽은 자꾸만 쌓인다

가끔은

때론
멀리 여행을 떠나
바다가 보이는 언덕에서
한없이 홀로 앉아있고 싶다

때론
오래 만나지 못했던 친구와
조용한 숲속 벤치에서
말없이 지난 이야기를 하고싶다

때론
사랑하는 이와
멋진 까페에서 나란히
창밖에 내리는 눈을 보고싶다

가끔은
모든 것을 잊어버리고
마음에 깊이 담아두었던
그리움의 숨결을 내쉬고 싶다

내 사랑 그대

이렇게 비가 오는 날에는
그대가 보고 싶어요

생각만 하여도 그립고
바라만 보아도 행복한 그대를

슬픈 날에도 기쁜 날에도
같이 울기도 하고
같이 웃기도 할 수 있는 그대

기쁜 마음에
그리운 마음에
가만히 안기고픈 그대

햇님이 미소지을 때도
별님이 반짝일 때도
언제나 보고픈 그대

비 오는 오늘은
더 보고파지는 내 마음
사랑해요 그대여!

내 마음에 봄이 오면

내 마음에 봄이 오면
그대를 찾아 나서리라

뒷산에 칼바람이 매섭고
강안에 얼음이 두꺼워도

한구석 어디에서 외롭게 피어난
한 떨기 봄꽃을 찾아 나서리라

용감히 계절을 알리고 있을
가련한 그대를 찾아내리라

이제 따뜻한 바람이
대지를 부채질하면

계곡에는 생명이 움트고
세상은 온통 연녹색 축제

그립던 그대를 다시 만나면
내 마음에도 진정한 봄이 오리니

회상

바람 부는 솔밭길 사이로
바닷가를 끝없이 걸었네

수평선 너머의 석양은
구름을 붉게 물들이고

찰삭이는 파도 소리 들으며
아득한 고깃배 보았지

솜사탕을 뿌려 놓은 듯
별이 쏟아지는 밤하늘 아래

기대고 마주 잡은 손에
따뜻한 온기가 흐르고

말없는 대화속에
청춘의 단꿈이 있었지

아쉬운 귀갓길 산마루에
초승달이 웃고 있었고

모내기 끝낸 논에선
개구리가 시끄럽게 울었다

강변에서

미워서 가신 다기에
애원하며 잡았습니다

차갑게 식어버린 가슴에
뜨거운 눈물을 쏟았습니다

한줌 남은 햇살에
물결은 비단이 되고
언덕 위 노송이 희미해질 때

당신은
그림자조차 남기지 않고
어둠 속으로 사라졌습니다

사랑하기에 떠나심을 알기에
그렇게 흐르는 강물에
당신을 띄워 보냈습니다.

추억은 사랑보다 진하다

햇빛 같은 만남의 기쁨도
달빛 같은 이별의 슬픔도
별빛같이 사라져 갔지만

개나리 피어난 언덕과
낙엽 떨어지던 숲길은
눈밭위의 발자국처럼

세월은 강물 되어 흐르고
사랑이 한 줌 바람 되어도

아련한 그 시절의 추억은
영원히 내 가슴에 남았네

세월이 흐른 뒤에도

가을은 자꾸만 가고
나는 강가에 홀로 앉아
해지는 동구 길을
하염없이 바라보고 있습니다

단풍잎은 자꾸만 떨어지고
마른 낙엽은 바람에 날리고
강물은 빠르게 흐르지만
흐르는 물소리처럼
허망한 내 마음은
빈 산속에 억새꽃이 됩니다

해는 지고
가을은 자꾸만 가고
당신도 가버렸지만
기억이 낡아지고
빛이 바랜다 하여도
내 맘은 언제나 당신을 그립니다.

찬바람이 불어와
이마에 주름이 깊어지고
머리에는 흰 눈이 내려

굽이굽이 세월이 흐른 뒤에도
나는 당신을 기다릴 것입니다.

― 한국문학예술 2022년 여름호 시조부문 신인상 당선작

첫눈이 내리고

오늘 첫눈이 내리고
손톱의 봉숭아 꽃물은
다 지워져가고 있어요

앞내 억새밭은
포말로 부서지고
뒷산 마루 나목들은
추위에 떨고 있네요

언제나 그렇듯
이런 날에는
당신의 따뜻한 체온이
몹시 그립습니다

이런 날에는
당신 손을 꼭 잡고
눈 덮인 오솔길을
한없이 걷고 싶어요

혼자서
벽난로가 있는
사람 없는 찻집에서

향기로운 음악에 취해 봅니다

창밖에는 눈이 쌓이고
내 가슴속에 당신이
슬며시 자리 잡는 것을 보니
아마도 내 당신
아직 많이 사랑하고 있나 봅니다

살다가 힘이 들 때

살다가 힘이 들고
자신이 없어지면
잠시 내 어깨에
기대어 눈을 감아요

가는 길이 험난하고
남은 길이 멀어 보일 때
잠시 내 가슴에
안겨서 편히 쉬어요

그대 등 위에 짐을
덜어 줄 수는 없지만
그대 뒤를 따라가는
그림자 되겠습니다

그대 위해 무엇 하나
해 줄 수는 없지만
마주보며 웃을 수 있는
마음 하나 나누겠습니다

밤하늘의 별을 보며
뜨거운 눈물 한방울

같이 흘릴 수 있는
벗이 되어 드리겠습니다

바람처럼 물처럼
같이 걸어가다가
붉게 물든 황혼 바라보며
두손 꼭 잡아 드리겠습니다.

당신이 행복하면 좋겠습니다

지난날의 아픈 기억에
잠 못 이루는 당신
이제는 행복하면 좋겠습니다

차마 떠나지 못하고서
가슴에 깊은 병이 들어
그리도 아파하던 당신

지난 일은 다 묻어 버리고
상처받은 영혼을 가여워하며
자신을 소중히 하면 좋겠습니다.

사랑도 못하고 이별도 못하는
마음을 아는 듯 모르는 듯
가슴 가득 고여드는 그리움을

지금껏 잘 견딘 것에 감사하고
씩씩하고 유쾌한 내일을 위해
당신의 삶을 살았으면 좋겠습니다

들판에 핀 봄꽃처럼

밝은 날을 반기며
당신이 진정 행복하였으면 좋겠습니다

보고 싶으면 만나자

그리움은 산이 되고
간절함은 강이 되어
가슴속에 남은 사람

보고 푸고 애달픈 마음이
심장과 골수에 가득 차
아무것도 할 수 없는 사람

하염없이 눈물만 흘리며
뼛골에 사무치도록
서운한 사연도 있었지만

되돌릴 수없이 세월이
흐른 후 깊은 회한만 남아
통곡한들 무슨 소용인가

거짓의 탈을 벗어 버리고
망설임의 골목을 벗어나

끊을 수 없는 인연이라면
우리 보고 싶으면 만나자

그대 사랑 안에서

나 이제 그대 사랑 안에서
쉬고 싶습니다
그대가 보내주는 사랑의 눈빛에
의지하여 편히 쉬고 싶습니다

나 이제 그대를 만났으니
무거운 짐 내려놓고
그대의 따뜻한 말 한마디
내미는 손길 하나에
의지하여 편히 쉬고 싶습니다

그대가 밝혀준 촛불 아래서
그대가 전해준 장미 한 송이를
앞에 두고 그대의 사랑 안에서
편히 쉬고 싶습니다

그대 없는 지난날들은
너무도 외로웠습니다

이제 내 가슴 가득히 불꽃을 켜고
장미처럼 화사한 마음으로
그대의 사랑 안에서 편히 쉬고 싶습니다.

사랑이 지나가도

꽃잎이 진다고 아쉬워 마세요
봄날의 화려함을 한껏 뽐냈잖아요

낙엽이 떨어진다고 외로워 마세요
여름의 태양을 마음껏 누렸잖아요

찬 눈이 내린다고 서러워 마세요
가을의 풍성한 열매를 거두었잖아요

사랑이 무심히 지나가도
아쉽다 외롭다 서럽다 마세요

어차피 세월은 흐르고
새로운 계절은 다시 올 테니까요

오늘은 왠지

오늘은 왠지
잊었던 그 사람과
차 한 잔을 하고 싶다

조용한 미소와
마음이 따뜻한 아름다운
그 사람을 만나고 싶다

말은 하지 않아도
창밖의 빗소리를 같이 들으며
단둘이 나란히 앉아있고 싶다

오늘은 왠지
그 사람과 차 한 잔을 하면
마음이 행복해질 것만 같다

강 언덕에서

저 멀리 가로등이
하나둘 켜지고

세월 같은 강물은
그날처럼 흐르는 데

추억은 세월 따라
바람에 흩어지고

언덕 위 달빛 아래
노송의 그림자만

풀벌레 소리에
밤은 깊어 가고

하늘에 별들은
저리도 많은 데

님 떠난 강 언덕엔
홀로 남은 내 마음

살아 있을 때 사랑하라

심장의 더운 피가 식기 전에
뜨겁게 사랑하라

계절이 이리도 쉽게
바뀌어 가듯

우리는 지나가는 시간과
매 순간 헤어지며 살고 있다

사랑했던 기억조차
흐르는 세월 속에 묻히는 것

목숨 다하는 날까지
살아있을 때 뜨겁게 사랑하라

사랑하는 딸에게

새벽이슬 머금은
수선화같은 내 딸아!

어릴 때는 살기 바빠서
같이 놀아주지도 못하였고

공부하기 힘들어할 때에는
안타깝게 지켜보기만 하였다.

네가 아파 중환자실에 있을 때는
너무도 귀가 막혀 울지도 못했다

이제 나의 세상은 지나가고
너의 세상이 펼쳐지고 있다.

네가 살아가는 동안 언제나
사랑과 행복만 가득하거라

아빠는 멀리서 지켜보며
언제나 널 응원하고 있을 테니

소중한 아들에게

태산같이 믿음직한
자랑스러운 내 아들아!

어릴 때는 좋아하던 목마도
마음껏 해주지 못하였다

질풍노도의 시절에
조금은 힘들게 하였지만

대입 때에는 걱정을 뒤로하고
한 번에 날 기쁘게 하였지

군 복무를 할 때에는 오히려
내가 네 마음을 아프게 하였구나

사회의 첫발도 단숨에 통과하여
세상 어느 아들 부럽지 않았다

세상이 아무리 거칠고 힘들어도
당당히 잘 헤쳐 나가리라 믿는다

마음에 사랑과 행복만이 가득한

너만의 세상을 만들 거라

아빠는 이제 미안한 마음을 접고
언제나 너를 응원할 것이다.

고유제告由祭[*]

친정 조카가 시인이 되었다고
그리도 좋아하시던 우리 엄마

불효자는 먼길 가신 후에야
소용없는 자랑거리 만들었네

혹여 구름 너머 저곳에서
소식 듣고 잔치 벌리셨을까

좋아하시던 그때 보다
나이 더먹은 초보 시인은

상석床石에 시집 한권 올려놓고
젖은 눈 들어 하늘을 본다

---

* 告由祭: 국가나 가정에서 큰일이 있을 때 조상에게 보고하는 제사

벗에게

우린 살을 섞어 자식 낳은
아내 보다 오랜 세월을
같이 보낸 벗이 아닌가

그 긴 세월 동안
얼굴 한번 붉힌 적도 없고
외면 한번 한 적도 없이
그저 덤덤히 살아왔지만

얼굴만 보아도
목소리만 들어도
술 한 잔을 부딪쳐도
우리라서 좋지 않았는가

아프지 마시게
어느 날 보니
먼저 갔다고 하면
얼마나 황망하겠는가

자네가 있어 지금까지
웃고 울던 세월을
견디고 이겨오지 않았나

재미도 없고 별것이 아니어도
이얘기 저 얘기 실컷하고
같이 즐기며 남은 날을 보내세

기약없는 인생 줄에
길게도 이어온 소중한 인연
천천히 아주 천천히 늙어가세나

반백년을 함께 한 것처럼
이 세상 오래오래 좋은 벗으로
그리 그리 아껴가며 사세나 그려

결혼을 축하하며

해변에 반짝이는 모래알같이
밤하늘에 빛나는 별과 같이
수많은 사람들 중에 만난 인연

생각만 하여도 가슴 떨리는 그대
보기만 하여도 웃음이 나는 그대
그대들 만남은 하늘의 축복

전생에 몇 백 겁의 인연을 쌓아
이제 한쌍의 원앙이 되었으니
그대들 사랑은 변함 없으리니

수많은 사연과 시련이 있겠지만
오직 지금 사랑하는 마음만으로
세상 다하는 날까지 행복하소서

사랑이란

아픔 없는 사랑이 어디 있으랴
사랑이란 그저 말없이 주는 것

해 뜨면 해 보고 비 오면 비에 젖듯
말없이 맞았다가 바람처럼 보내는 것

눈이 시려 눈물이 나도
높고 푸른 하늘 한번 쳐다보고

지나는 구름을 흘려보내듯
날리는 낙엽처럼 그저 그렇게

우리는 서로

깊은 산속 옹달샘 물같이
맑고 시원함을 주는 사람

뒷동산 커다란 바위처럼
한없이 듬직한 사람

향수가 없어도 상큼함을
물씬 풍기는 사람

생각만 해도 미소가 피어나는
그런 사람으로 기억하자

꿈에 본 그대

지난 밤 보았어요
슬픈 듯 반가운 듯
미소 띤 그대를

얄궂은 세월은
내 머리에 눈발을 뿌려놓고
추억마저 가져가버렸지만

하늘이 높아 눈부시거나
바람 불어 비 오는 날이면
그대가 생각납니다

한오라기 인연이 남아있다면
지나는 버스 창가에서
스치듯이라도 보고 싶어요

지난밤 꿈속에서 본 그대는
귀 밑가에 서리가 내렸지만
여전히 아름다웠습니다

혼자만의 아침을

바람이 쓸고간
텅 빈 겨울 밤 하늘

초승달은 서산을 넘고
별은 부서져 내린다

끝없는 시공간 속에서
내 그림자를 찾아

밤새 허우적 거리다
혼자만을 아침을 맞는다

산골 농부

일월산 눈 녹은 물이
반변천에 흘러들면

사과꽃 피어난 산골 밭에
거름 주고 꽃을 솎고

뜨거운 여름날 고추밭에
잡초 매고 물도 주고

낮에는 막걸리 한잔
밤에는 소쩍새 소리

파아란 하늘 아래
빨갛게 사과가 영글어가면

농부는 이제야 허리 펴고
하늘을 쳐다본다

첫눈이 내리는 날
장작불 지펴놓고

소주 한 잔에 몸을 녹이면
인생사 무엇이 부러우리

어촌일상

동쪽 바다 수평선에
먼동이 떠오르면

태백준령 봉우리에
햇살이 가득차고

골짜기 어촌에도
하루가 시작된다.

황금빛깔 수면 위엔
그림 같은 고기잡이

분주한 포구에는
만선의 기쁨 가득

바닷가 오두막에
저녁달이 비칠 때면

식구들이 둘러앉아
늦은 저녁 먹고서

쏟아지는 별빛 아래
정담이 피어나면

앞마당에는 파도 소리
뒷산에는 부엉이 울음

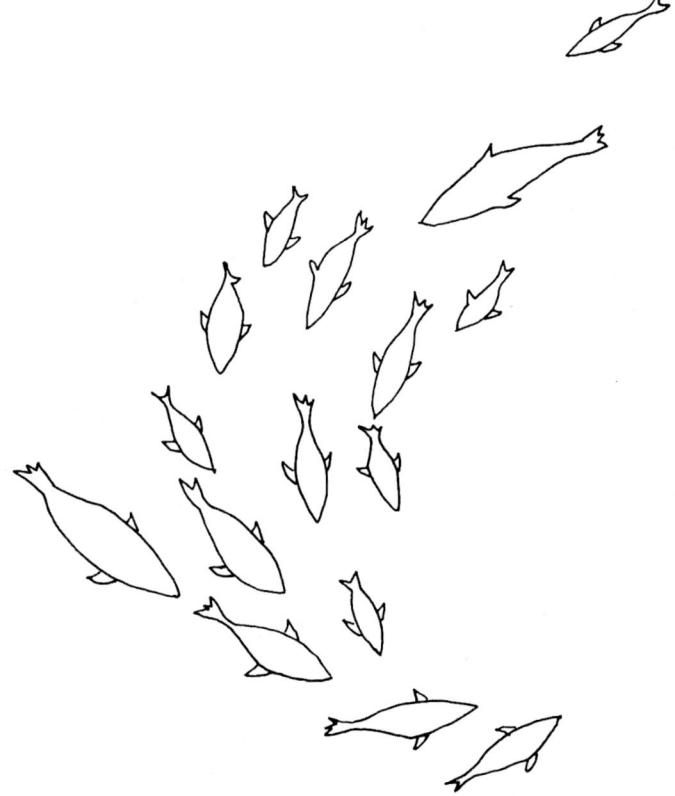

입춘서설 立春瑞雪

모두가 잠이 든 밤
희미한 가로등 아래
소담 소담 눈이 내린다

아침이 밝아오면
세상은 온통 새하얀
눈 속에 묻히겠다

이제 무덤가 노송 사이로
생명을 깨우는 부드러운
입김이 서둘러 지나가고

얼었던 산비탈 낙엽과
뒤엉킨 잔설 조각들도
촉촉이 녹아내리면

아직 여물지 않은
새봄 맞을 설렘에
긴 밤 설친다.

봄비

이렇게 봄비가 내리면
기다리던 그대가 오시겠지요

이렇게 넉넉히 산하를 적시면
대지는 깨어나 생명을 키우겠지요

세상은 초록으로 물들고
들판에는 아지랑이 피어나고
종달새는 높이 날아오르겠지요

이제 그립던 그대가 돌아오면
못 견디게 외롭고 춥던 밤은
다시 오지 않겠지요

이렇게 봄비가 내리고 나면
내일 아침에는 봄꽃들이
활짝 피어나겠지요.

봄을 기다리며

커튼 사이로 햇살이
비집고 들어오면
찬란한 하루가 시작된다

성애 낀 유리창 너머는
아직 차가운 순백의
겨울 세상이지만

이제 태양이 높이 뜨면
따사로운 기운과 함께
봄은 한 발짝 다가오겠지

새로운 한 해를 꿈꾸는
순결한 설레움으로

내게 남은 가장 젊은 날의
새봄을 기다린다

봄이 오면

남녘에 봄소식이 들리면
스치는 찬바람 속에도
벌써 꽃내음이 나는 듯하다

얼어붙은 계곡에
맑은 물이 다시 흐르고
강 언덕 버드나무에
생명의 빛깔이 일렁이듯

설렘과 감격을 잊어버린
마른 나뭇가지 같은 나도
한 송이 꽃을 피워 보리라

내 인생에 가장 젊은
이번 봄이 다 가기 전에

장미 보다는 제비꽃 같은
희망의 씨앗을 피우리라

봄비 내리는 날

차 한 잔을 앞에 두고
창밖의 봄비를 봅니다

흘러내리는 빗물이
작은 연못에 모이듯

담아 놓은 찻물 위에
슬그머니 떠오르는 얼굴

꽃처럼 향기로운 사연이
가슴 가득 차오르면

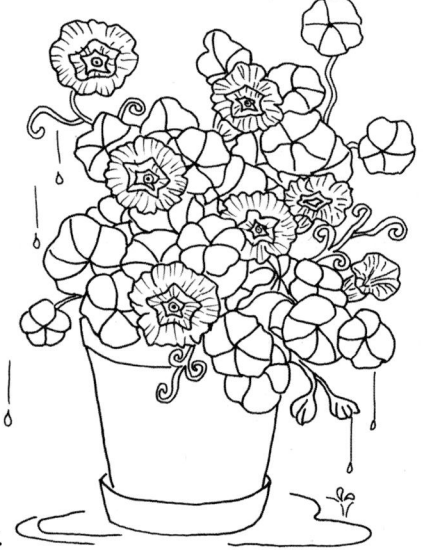

이름조차 잊었지만
봄이 되면 생각나는 사람

꽃을 닮은 참 고운 모습의
봄을 좋아하던 그 사람을

창 넓은 찻집에서
그리움과 함께 마셔봅니다.

— 한국문학예술 2022년 여름호 시조부분 신인상 당선작
— 문학고을 2022년 여름호 시부문 당선작

봄의 정취

고지의 잔설을 쳐다보며
농부는 대지를 갈아엎어

처녀 젖가슴처럼 부드러운
옥토에 희망을 심는다

버들은 연약한 가지를
살랑이는 바람에 맡기고

양지바른 산자락에는
온통 연홍빛 꽃동산

보름달 아래 과수원은
하이얀 소금밭이 되고

대숲 사이 바람 소리에
맹꽁이도 잠못 이룬다

봄으로 온 당신

청초한 이슬처럼
풀잎 끝에 맺힌 당신

따사로운 햇살처럼
아침 창가로 온 당신

넓고 깊은 마음을 가진
파란 호수를 닮은 당신

상쾌한 바람을
한 아름 보자기에 안고서

따뜻한 온기를 불어넣어
초록색 새살을 만들고

영혼에 촛불을 켜듯
어여쁜 꽃을 피우시려

겨우내 식었던 내 마음에
봄이 되어 오셨습니다.

봄 향기 가득한 날에

봄 향기 가득한 날에
문득 그대가 생각 납니다

두 손을 맞잡고 한없이 걷다가
햇살 부서지는 창가에 앉아

향긋한 차 한잔 앞에 두고
지나는 흰 구름 보았지요

오늘같이 상쾌한 풀 향기가
파릇한 나뭇잎에 살랑이면

오솔길 빈 벤치에 앉아
홀로 그대를 생각 합니다

밝은 햇살을 닮은 그대는
보고 또 보고 싶은 사람

햇살이 참 좋은 오늘
그리움에 젖어 봅니다.

사월의 노래

물오르는 나뭇잎새 사이로
바람은 미소 짓고

연녹색 향연 속에
봄꽃은 떨리는 가슴을 연다

숫처녀 같은 계절은
미세한 숨결로 나의 영혼을 열어

마른 가지 같던 내 마음에도
파란 생기를 부른다

너무도 눈부시게 찬란한
향긋한 사월이여!

고향 생각

뒷동산에 제비꽃이 피어나고
파란 하늘가 새하얀 뭉개 구름

산비탈에 보리순 살랑이면
짝 찾는 장끼의 울음소리

모시 수건 풀어놓은 여울목
은모래가 햇살에 반짝이고

늘어진 버드나무 밑에는
나물 캐는 아낙들의 웃음소리

버들피리 불던 그 시절
꿈속의 내 고향

고향의 여름

한줄기 지나가는 소낙비에
토란잎엔 수정구슬 맺히고

파아란 잉크빛 도화지엔
하이얀 솜사탕 뭉게구름

노랗게 익어가는 참외 밭 가
나무 위엔 요란한 매미소리

해 질 녘 마당가 모깃불 속
고소한 햇감자 익어가는 냄새

꿈에서라도 돌아가고 푼
정겨운 내 고향 그 여름

가을밤

요란한 풀벌레 소리에
깨어나 창밖을 보니
휘영청 가을 달이 밝았네

잠 못 이뤄 골목길 나서보니
달빛 가득한 옆집 마당에는
식구들의 정담이 넘쳐나는데

정처 없이 언덕길 걷다 보니
풀잎에 맺힌 이슬 차갑고
앞서가는 그림자만 외롭네

산사의 가을

붉은 아침 햇살에
앞산 단풍은 더욱 불타고

마당 한켠 은행나무는
노란 색종이를 접어 날리네

솜이불 그려진 파란 화폭은
자꾸만 높아만 가고

푸른 유리를 펼친 듯
여울은 부서져 내리네

법당의 염불 소리는
범종소리에 묻혀 들릴 듯 말 듯

오늘 밤에도 부엉이 울고
풍경소리 청량하겠지

마른 가지 아래 무념이 쌓이면
산사의 가을은 또 지나가겠지

단풍숲 속으로

불타는 단풍 숲속을
숨죽여 걸어보자

부지런한 계절은
이순간을 위하여

봄부터 새순을 틔우고
풍성한 잎사귀를
키워온 것을

이제 곧
물안개 서린 호수 위로
기러기 날아가면

단풍은 뿌리로 돌아가고
세상은 흰눈에 덮이겠지

시월의 어느 멋진 가을날에

고운 햇살 아래 단풍잎은
선홍빛 꽃잎으로 피어나고

갈바람에 뒹구는 노오란
낙엽 한 잎은 가슴 아린 아쉬움

새하얀 억새 밭은 눈부시게
부서져 그리움의 호수되고

숱한 세월 지난 지금에도
내 안에 당신을 담고 보낸 가을은
여전히 못 잊을 사랑으로 남아

시월의 어느 멋진 가을날
향기로운 가을빛 향연에
살가운 미소 띠어 보낸다

가을 단상

자수정 같은 하늘 아래
청순한 코스모스가 살랑이고
눈부신 아침 햇살에
단풍이 붉게 타오르는
가을이 왔습니다

황금빛 석양에
새하얀 억새꽃이 피어나고
고요한 달빛 아래
오곡백과가 여물어가는
가을이 왔습니다

이토록 아름다운
결실의 계절 가을에는
더 많은 생각이
스며들게 됩니다

이 가을에 문득
'버나드 쇼'의 묘비명*이
생각나는 것은 왜일까요

---

* '버나드 쇼'의 묘비명 : "우물쭈물하다가 내 이럴 줄 알았다"

가을을 마시고 사랑을 마신다

차 한 잔에 가을을 담아
높은 하늘을 쳐다본다

찻잔에 담긴 가을 내음이
입안에 가득 번지면

잊었던 님의 향기가
온몸으로 밀려 들어온다

눈끝에 닿는 가을이
단풍잎 사이로 밀려오면

상쾌한 어느 가을 날
가을을 마시고 사랑을 마신다

— 문학고을 제8시선집 수록작

겨울 초입에서

새벽달은 칼날처럼 빛나고
부는 바람에 별들은
얼음처럼 부서져 내린다.

지나버린 세월에
문득 서글퍼지고
버스럭거리는 낙엽 소리에
뜬금없이 눈물이 난다

철도 채 들지 못한 듯한데
몸은 나이만 먹었고
아무것도 한 것이 없는 데
세월은 주름처럼 구겨져 버렸다

또다시 날은 밝아오고
계절은 무심히 흘러가겠지만
오늘 밤은 왠지
잠이 오지 않을 것 같다

겨울은 문앞에 있는데

가을걷이 끝난 들판에
찬바람이 불어오면

뒷산 나무들은 이제는 짐이 된
마른 잎을 내려놓는다

짧은 해가 서산으로 넘어가면
멧새들 울음조차 사라지고

벌써 겨울은 문 앞에 있는데
적막한 어둠 속에 나 홀로 서다

눈 내리는 겨울밤

파랗게 얼어버린 하늘 아래
물소리도 얼음 밑에 묻혔다.

한강寒江은 흔적 없이 사라지고
태산조차 한설寒雪에 묻혔다.

들짐승 날짐승도 사라지고
사람의 자취마저 묻혔다.

달도 없는 겨울밤은
외로움에 싸인 적막뿐

화암사 가는 길

오솔길에 다람쥐 뛰놀고
길섶엔 시냇물 흐르는 곳

수줍은 듯 산속에 숨어있는
화암사가 그곳에 있네요

낮에는 바람 소리 새소리
별빛 아래 부엉이가 우는 곳

범종도 없고 법고도 없지만
목어와 풍경소리 아름답고

노승이 합장하며 반겨주는
불명산 아래 정겨운 화암사

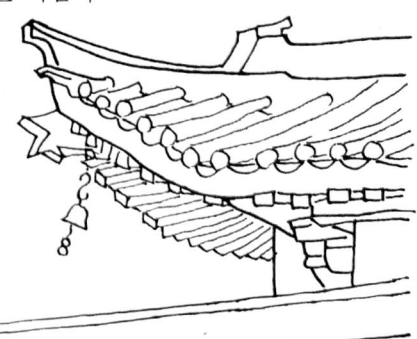

산사의 밤

손바닥 만 한 산중 하늘 한편
황혼이 찾아오면

골짜기마다 퍼져가는
물결 같은 범종소리

산새는 둥지로 돌아가고
선승은 목탁을 집어 든다

지나가는 풍경소리에
별빛이 바람에 떨어지면

노승의 마른 기침소리에
동자승은 엄마품 그리워

항구가 보이는 창가에서

어두운 항구를 뒤로하고
긴 고동을 울리며 떠나는
저 배는 어디로 가는가

별빛조차 없는 하늘 아래
희미한 등불 하나 켜들고
찬비 속 바다로 나서네

때로는 폭풍우 몰아치는
밤바다를 헤매기도 하고
때로는 거울같이 잔잔한
노을을 미끄러져 가겠지

낯선 항구마다 쌓이는
만남과 이별을 뒤로하고
끝없이 제 갈 길을 가겠지

태양이 눈부신 아침
사연과 추억을 가득 싣고
돌아오는 그날을 꿈꾸며

풀꽃

등산로 한편 돌 틈 사이
이름 모를 풀꽃 이여

지난여름 무서운 폭우와
혹독한 폭염도 이겨내고

하늘 가까이 자리 잡아
한 송이 외롭게 피었구나

이제 곧 칼날 같은 추위에
산산이 찢길 너이기에

이 세상 그 무엇보다
사랑스럽고 귀중하다

억새꽃

지난한 폭염과 장맛비 견디고
파란 도화지에 너울너울 춤을 춘다

이젠 시련 속 꼿꼿함도 버리고
갈바람에 미련 없이 몸을 맡긴다

서산에 남은 태양이 하늘을 적시면
노을은 황금빛 너울 되어 물든다

이제 곧 어둠 속 서릿바람 불어와
새하얀 꽃송이 온산에 흩뿌리면

세상은 무심한 백지로 바뀌고
계절도 세월도 추억도 흘러가겠지

첫눈

지난밤 살포시
내린 첫눈이

미쳐 떨어지지 못한
단풍에 내려앉아

하얀 꽃잎 위에
빨간 꽃술이 되었다

바람에 떨어질까
햇살에 녹아버릴까

가슴 졸인 마음에
숨이 막힌다

— 문학고을 제8시선집 수록작

토왕성 폭포를 보고

유리알 같은 계곡 물속
천년을 기다린 용 한마리

떨치고 일어나
힘차게 솟구치니

물기둥 하늘에 닿고
온산은 붉게 물들었네

떠난 자리 구름 자욱
천지를 뒤덮었구나

세월은 간다

낙엽은 강물에 하나둘 떨어지고
흐르는 강물 따라 세월도 흐른다

지난 밤 소리없이 찾아온 첫눈은
떨어지지 못한 단풍위에 앉았다

가을이 가기도 전에 겨울은 오고
머지않아 새봄이 찾아오겠지

계절은 이리도 빨리 오고가는데
세월은 이렇게 가기만 하는지

이렇게 살고싶다

햇살 퍼지는 숲길 따라
두손 꼭 잡고 거닐다가

호숫가 작은 찻집에서
나란히 창밖을 본다

낙엽진 빈 가지 사이로
바람이 서둘러 지나고

석양비치는 서산마루
기러기 높이 날아가면

창가에 등불켜고
미루었던 책장 펼친다

제4부
시절가時節歌

길 위에서

일주문에 사랑을
천왕문에 미움을

불이문에 욕심을
도솔천에 번뇌를

대웅전 부처마저
냉정히 뿌리치고

죽을힘을 다하여
우거에 올라보니

지나는 바람소리
떨어지는 물소리

흘러가는 구름만
말없이 무심하네

진리는 무엇이고
피안은 어디인가

이곳은 어디이고
갈곳은 어디인가

봄비

창문을 두드리는
비바람 소리에

그리운 내 님인가
대문 열고 내다보니

낮에 핀 벚꽃잎들만
서럽게 흩어졌네

봄밤

양지 바른 언덕위에
할미꽃이 피어나고

일렁이는 보리밭에
노고지리 높이 날면

진달래꽃 꺾어 물고
말타기 하던 동무들

정겨운 뒷동산에
꽃은 다시 피는데

소쩍새 우는 밤
동창이 밝아오네

만추晚秋

꽃보다 단풍이라 가을산 찾았더니

단풍은 간데없고 낙엽만이 지천이라

인적 없는 산기슭엔 낙엽 밟는 소리만

나그네

차가운 바람 불어
나목은 몸을 떨고

산마루 저녁놀은
한줄기 남았구나

언덕길 돌아서가면
주막 등불 보일까

우리네 인생

꽃같았던 젊은날들
험난했던 고난세월
정신없이 지내왔네

돼집한채 마련하여
자식놈들 내보내고
살만하다 싶었더니

무심한게 세월이라
여기저기 아파오고
정신마저 혼미하네

문득주변 둘러보니
알던놈들 먼저가고
친구조차 몇놈없다

소리없이 떠날적엔
이래저래 빈손이요
같이가줄 사람없네

흘러가는 강물처럼
떠다니는 구름처럼

지나가는 바람처럼

천하절경 주유하고
산해진미 맛도보고
미련없이 살아보세

행여있을 미움털고
집착마저 내버리고
남은세월 후회마세

— 문학고을 2022년 가을호 시조부문 신인상 당선작

동창회

까까머리 홍안소년
반백년이 지나가니

머리에는 눈내리고
얼굴에는 깊은주름

손맞잡고 쳐다보니
옛모습이 겹쳐지네

술한잔을 앞에두고
지난사연 나눠보세

어디에서 무얼하며
자식새끼 몇이더냐

그녀석은 연락되나
고녀석은 잘있는지

부귀영화 소용없고
건강한게 최고라네

밤을 새워 나눈정담

새벽돼도 끝이없다

아쉬움을 뒤로하고
잡은손을 놓지못해

잘가게나 다시보세
부디부디 건강하게

— 문학고을 2022년 가을호 시조부문 신인상 당선작

추월가 秋月歌

깊은가을 달빛아래
잔치판이 벌어졌네

절세기녀 교성속에
풍악소리 요란하고

산해진미 천하명주
질펀하게 차려졌네

정승판서 게걸스레
처먹느라 정신없고

냄새맡은 개돼지들
구름같이 모여드네

담장너머 단칸방엔
주린배를 움켜잡고

말못하는 못난백성
유행병에 죽어나네

북풍한설 몰아치면

잔칫상도 일순이라

봉두난발 엉망진창
내걸음아 날살려라

나라살림 거덜나고
강남집만 금값이니

착한백성 심한고초
그것만이 걱정일세

낙화유수落花流水

부소산 산마루에 석양이 내리면
백화정은 긴 그림자를 만드는 데

아립답던 삼천궁녀 어디 가고
성불사의 종소리만 외롭구나

백마강 언덕에 보름달이 떠오르면
비단결 강물 위에 나룻배 한척

천년을 지켜온 낙화암 바라보면
들리는 건 무심한 노 젖는 소리

범이 내려왔네

인왕산의 호랑이가
광화문에 내려왔네

썩어빠진 정승판서
날살려라 도망가고

배불뚝이 탐관오리
숨죽이고 엎드렸네

고물줍던 피라미도
돌틈새로 도망갔네

쓰레기들 청소하고
똥냄새도 털어내세

나라주인 바로세워
금수강산 쇄신하세

태평성대 좋은나라
자손만대 물려주세

개판이네

구중궁궐 나라님은
똥개사육 정신없고
육조판서 삼정승은
똥개된지 오래구나

사간원의 나리들은
개장속에 갇혀있고
앞마당엔 똥개들만
시끄럽게 짖고있네

포도청의 포청천도
개판된지 오래이고
관아단상 높은곳엔
똥개아전 앉아있네

육조거리 민초들은
똥개겁나 숨죽이고
온강산이 똥개세상
이난리를 어찌할꼬

금수강산 이곳저곳
똥개세상 개판이네

개백정을 불러와서
개박살을 내볼거나

독야송 獨也松

높은 산 기암 사이 단단히 뿌리내려
말없이 지킨 세월 수백 성상 되었네
스치는 바람에도 지나는 구름에도
곁눈길 한번 없이 의연히 자리 지켜
칡넝쿨 잡목들은 범접조차 못하리
혹독한 북풍한설 천지를 뒤덮을 때
하늘 끝 나홀로 서서 푸른 지조 지키리

― 문학고을 2022년 가을호 시조부문 수록작

심사평

문학고을 문예지 신인 작품상 수상
제37회 2차 공모 당선작 심사평

시 부문 류승규 시인의 「우리는 어디로 가는가」, 「살아 있음이 희망이다」

우리는 어디로 가느냐는 철학적 물음을 화두로 시상을 전개하는 류승규 시인은 인생을 관조하는 자세가 두드러진다.

「우리는 어디로 가는가」에서 우리가 달려가는 길이 어떤 길인가 되짚어 보고 있다. 우리는 도심을 떠나 산기슭을 돌고 포구를 지나 바쁘게 달려가고 있다고 표현한다. 바쁘게 달려간다고 해도 이내 날이 저물고 새벽이 오는데 우리는 바쁘게 달려가고만 있어 어디로 가느냐고 화자는 묻고 앉다.

「살아 있음이 희망이다」에서는 살아있다는 것의 의미를 숙고하고 있다. 모든 것이 얼어 붙어 추운 계절에 사방이 어둠에 싸여 있다. 그렇게 춥고 어두워도 땅속의 씨앗이 내일을 꿈꾸며 숨쉬고 살아있듯이 인생의 고난과 시련을 견디다 보면 내일이 있다고 말한다. 즉 화자는 살아있다는 것은 희망이며, 축복이라고 말하면서 열심히 살아보자고 시작부분의 어두운 정서를 환기하여 희망으로 바꾸고 있다.

  류승규 시인의 시는 인생 전체를 조망하는 점이 두드러지며 인생의 의미를 철학적 질문에서 찾고 있다. 철학적 사고는 시에서 매우 중요하다. 철학은 시에서 중요한 화두, 깊은 생각으로 연결해주기 때문이다. 이러한 철학적 사고를 높여 등단작에 선정한다. 등단을 축하하며 더욱 정진하여 대성하기를 바란다.

— 심사위원 김신영 조현민 한상현

문학고을 문예지 신인 문학상 공모
41차 2차 공모 당선자 심사평

류승규 시조 시인의 「우리네 인생」, 「동창회」

시조 시는 최근 변화를 거듭하여 구별 배행으로, 더 나아가 이를 변형하는 형태로까지 발전하였다. 시조 시를 쓰는 것은 전통의 계승과 더불어 옛것의 미를 향유한다는 남다른 의미가 있다.

류승규 시인은 「우리네 인생」에서 글자 수를 맞추어 장형의 시를 쓰고 있다. 잘 쓰지 않는 고어를 구사하는 것은 물론 교훈 조의 청유형으로 시를 마무리하였다. 시어는 신선한 비유가 생명이다. 옛것을 쓰되 창의적으로 변형하여 새로운 의미를 창조하여야 한다. 글자 수를 맞추기는 쉽지 않으나 형식에 맞추어 잘 전개하여 나가고 있다. 한 가지 부탁은 사유의 시적 진술은 좋으나 신선한 비유를 많이 써야 한다는 것이다. 비유는 시의 생명이다.

「동창회」에서는 어린 시절의 아이가 등장하고 있다. 과거의 시간에 그는 까까머리였고 지금은 흰머리이다. 동창회에서 만난 옛 친구들은 어릴 적 모습이 조금씩 남아 주름에 겹쳐 보인다. 나이 들어 만났으니 조선 시대 후기의 사설시조처럼 구성지고 솔직하며 사실적인

시구가 나타나고 있다. 사실적인 나열에 더불어 인생사의 숙고가 나타난다면 금상첨화라 하겠다.

　류승규 시인은 시조라는 형식을 계승하고 있으며 조선 후기의 사설시조의 계보를 잇고 있다. 그러나 현대시조가 발전을 거듭하여 변화하고 있는 만큼 그 형식과 내용을 본받아야 할 것이다. 그런데도 옛 전통을 계승하고 발전시키며 균형감 있게 자기만의 색깔로 향유하는 솜씨를 높여 등단작에 선정한다. 등단을 축하하며 더욱 정진하여 대성하기를 바란다.

— 심사위원 김신영 조현민 염상섭

한국문학예술 등단 신인 문학상 공모
— 2022년 여름호 당선자 심사평

류승규 시조 〈우리는 어디로 가는가〉〈세월이 흐른 뒤에도〉〈봄비 내리는 날〉 세편을 한국문학예술 시조 신인상 당선작으로 한다.

'달도 없는 깊은 밤에 / 찬바람 맞으며 / 어디로 그리 달려가는가 // 가로등만 한가한 / 인적 없는 도시를 벗어나 // 산기슭을 돌아 넘어 / 등불 켜진 오두막을 뒤로하고 // 저 멀리 한 점 떠도는 / 배 한 척이 보이는 포구를 지나 // 우리는 어디로 / 그리 바삐 달려가는가'

류승규 시조 〈우리는 어디로 가는가〉는 우리가 살아가고 있는 것을 우리가 가고 있는 곳이라고 비유하고, 달도 없는 깊은 밤 찬바람 맞으며 가는 곳이라고 보는 비관적 관점이다. 또 삶을 밤길로 비유하고 대비해 사물의 정적 관찰이 깊고 사유의 치밀함을 말한다. 그렇게 함으로 일상에서 흔히 만나는 삶과 노동을 생각의 차원으로 끌어내는 객관적 상관물이 된다.

'가다가 가다 보면 / 먼산이 밝아오고 // 세상은 잠에서 깨어나 / 또 하루가 시작되는 걸 // 우리는 어디로 / 그리 바삐 달려가는가'

류승규 시조 〈우리는 어디로 가는가〉는 시대의 흐름을 몸으로 흡수하는 시조의 형태에서 또는 내용면에서 드러난다. 변화를 추구하는 몸부림이다. 시조의 그런 변화의 흐름을 체득하고 적용하는 것도 있어야 한다는 생각이다. 단순하게 보이는 피상을 넘어 시적 본질을 정확하게 표현해 내는 작품이다. 하지만 시조의 길은 삶의 길을 닮아 그렇게 간단한 것만은 아닌 아무 먼 길이라는 것을 유념하고 채찍을 더 한다면 큰 빛을 보는 한국문학예술의 시조 시인이 탄생할 것이다.

　— 심사위원(김현숙 경현수 강성숙 최정숙 손옥자 박남권)

해설

우리가 어디로 가느냐고 묻는 것은?
류승규 시집 『우리는 어디로 가는가』 시해설

김신영(시인, 문학박사)

1. 우리는 어디로 가는가?

류승규 시인은 뭇 영혼들이 저마다 궁금해하는 철학적 대명제인 인류, 아니 생명체의 종착 지점에 대한 진부한 물음을 던져 놓고 있다. 누구나 한 번쯤 질문해 보았을 근원에 대한 질문이자 종착에 대한 의문은 지금까지 풀린 적이 없는 철학적 난제다. 그만큼 종착지와 그 너머의 세계는 어디인지 알 수가 없는 것이다. 수많은 과학자가 우주의 시작과 끝을 연구하고 철학자들이 나름의 철학을 개진하나 그것이 맞는지는 증명되지 않았다. 너무나 광대하고 심오하며 오묘한 우주적 질서를 몇 마디의 말로 정의할 수 없을 뿐만 아니라 우주적 질서는 훨씬 광대한 변형 계에 속하여 무한한 변형과 긴장이 있기 때문이다.

류승규 시인은 이처럼 난해하고 깊은 철학적 질문을 던지며 자신의 위치를 가늠하는 중이다. "나는 누구인가?"라는 질문도 존재자라면 한 번씩 던지는 의문이다. 그러나 근원적인 철학적 물음이기에 명쾌한 답을 얻을 수는 없다. 다만 여기-현재의 시점에서 파악된 자신의 위치를 확인하고 성찰하며 앞으로 나아갈 뿐이다.

또한, 어느 시인의 말처럼 통속한 것을 그대로 따르는 것이 아니다. 그저 통속한 것은 삶의 주변에 지천으로 널려 있으나, 보다 차원 높고 격이 있는 인식으로 자신을 돌아보며 사는 중이다. 이처럼 시를 쓰는 일은 반성과 성찰을 동반한다. 통속한 상태로 살기보다 더 차원 높은 것을 추구하는 것이다.

현재-여기(Now and Here)의 삶에 만족하지 않고 미래지향적으로 더 품격이 높은 자신을 지향하는 류승규 시인의 궤적을 따라가면서 그의 인생을 살펴본다.

2. 도시의 굴곡에서

인생의 의미를 끊임없이 물으며 철학자적 자세를 견지하는 류승규 시인은 자신에게 주어진 삶의 무게를 짊어지고 묵묵히 걸어가는 사람이다. 살면서 수많은 상처와 아픔을 겪었지만, 묵묵히 감내하면서 자신의 길을 간다. 자신을 견디며 세상을 견디며 세월을 기꺼이 견디는 것이다.

삶은 쉽게 편하고 괜찮은 자리를 내어주지 않는다. 이에 따라 화자는 고군분투하는 삶을 살 수밖에 없다. 삶은 고단하고 인생은 격이 낮아지고 자신은 자괴감에

빠질지도 모른다. 그러나 이내 털고 일어나 꿋꿋하게
자신의 길을 간다.

인생이란
자신에게 주어진 삶의 무게를
묵묵히 짊어지고 가는 것

살아가는 동안
수많은 절망과 상처와 아픔을
달래가며 걸어가는 것

생의 마지막 순간까지
시간을 휘적이며 소박하고
참된 진실에 다가가는 것

굴곡진 삶의 여정에서
최상의 벗은 자기 자신이니
그로부터 희망을 찾아가는 것

어두울수록 등불은 밝아지고
구름을 뚫고 산에 오르듯
고독한 영혼 속에 햇살이 펼쳐지면

사람마다 따뜻한 가슴과
선한 눈을 회복하고
마음 빈 곳마다 착한 심성과
고운 배려로 채워진다면

이 세상
보이는 것은 모두 꽃이고

> 생각하는 것은 모두 달이다
> ―「꽃과 달」 전문

 시인이 만난 세상은 절대 녹록지 않아서 힘든 시간을 보낸다. 굴곡진 삶의 여정은 모든 희망을 내려 놓게 하는 강력한 기제이므로 결국 최상의 벗으로 자신을 등장시킨다. 이는 아무도 믿을 수 없고 아무도 기댈 수가 없는 상황임을 드러내고 있다. 또한, 누구도 대신해서 도와줄 수가 없다. 오직 자신만이 나름대로 이 문제에 답을 내어놓아야 한다.

 참된 진실에 다가가려는 화자는 마지막 순간까지 최선을 다하려고 한다. 그렇게 극한의 상태에서 나름의 희망을 찾아 나서면, 그때에서야 등불은 밝아지고 고독한 영혼 속에 햇살이 펼쳐진다. 이제 화자가 희망을 찾으면 사람마다 따뜻한 가슴과 선한 눈을 회복한다고 속삭인다. 이는 모든 것이 마음에 달렸다는 문구와 일맥상통한다. 어떤 마음을 갖느냐에 따라서 사람의 모습이 달라 보이고 사회가 다르게 느껴지는 현상을 표현하고 있다.

 그렇기에 보이는 모든 것이 최고의 것이며 생각하는 모든 것이 꽉 찬 의지의 모습인 달로 형상화되어 나타나고 있다.

> 안개 낀 거리에 어둠이 내리면
> 도시는 유리창 속 목욕탕 같아
> 뿌옇게 반짝이는 네온사인 아래
> 분주한 사람들이 더욱 낯설다

어디선가 들려오는 종소리에
언덕 위 성당은 실루엣만 보이고

수많은 교회의 십자가 잔영은
왜 그리 흐릿하기만 한지

어깨를 부딪치며 밤새 걸어도
도시의 밤거리는 사막 가운데
　　　—「도시의 밤거리」 전문

　도시는 삭막한 기운이 가득하다. 어디를 가든지 따뜻하지 않고 이전투구의 전쟁터다. 이에 화자는 낯선 도시에서 외로움과 안타까움을 느낀다. 안개가 자욱한 도시는 목욕탕의 유리창처럼 뿌옇고 선명한 것이 없다. 명쾌하게 떨어지는 답이 없다. 사람들은 항상 바쁘게 움직이고 자신도 바쁘다. 무엇에 그리 바쁜지 어디 조용히 머물러 있을 곳이 없다.
　심지어 성당의 희미한 종소리마저 어디서 들리는지 모습은 보이지 않고 소리만 들린다. 건물로서의 교회는 많지만, 희생과 헌신의 십자가는 선명하지 않다. 이는 종교가 드러내는 피상성皮相性을 표현하는 것이다. 거리마다 성당과 교회가 있지만 진정한 위안과 평안을 주는 것이 아니라 겉만 번지르르하다는 비판적 시각이라 하겠다. 즉 외양은 그럴듯하나 진실과 진심이 부족하다는 의미다. 그러니 밤새 걸으며 서로 친밀하고 다정하게 어깨를 부대끼건만 사막 가운데 있는 것처럼 삭막한 기운이 돈다. 화자가 느끼는 도시에서의 파상破傷이다. 도대체가 편안한 곳이 없다.

> 깊은 물 속 어디에는
> 깔깔 되는 동무들의 웃음소리
>
> 호숫가 어디에는
> 밭 가는 농부들의 소모는 풍경
>
> 뒷동산 자락만 하늘 끝에 있고
> 노송은 어디 가고 버드나무만 우거져
>
> 흰 구름은 변함없는데
> 눈앞에는 서글픈 망망대해
> ―「수몰민水沒民」 전문

 이에 시인은 수몰민처럼 형체 없이 소리만 듣는 사람이 되기도 한다. 우리의 목소리는 물속에 깊이 잠겨서 형체가 보이지 않는다. 과거의 어느 시점에서 발현되는 친구들의 꾸밈없는 명랑한 웃음소리만 들릴 뿐이다. 또한, 호숫가에서는 농부들의 소를 모는 풍경이 그려진다. 뒷동산에는 하늘 끝이 닿아 있고, 흰 구름은 변함없이 흐르고 눈앞에서 펼쳐지고 있는 망망대해가 서글프다.
 망망대해가 서글픈 것은 화자의 감정이 이입된 까닭이다. 시인의 감정은 그렇게 바다에 이르러 서글픔을 드러낸다. 즉 시골의 풍경은 변함없이 평화롭고 다정한데 눈앞에는 자신이 헤쳐나가야 할 망망대해가 펼쳐져 있기 때문이다. 바다는 험하고 드넓고 위태롭다. 이에 서글픈 감정을 느끼는 것이다.

> 사랑하는 일도 어렵고
> 미워하는 일은 더욱 어려워라
>
> 사랑하려 다가서면
> 밤하늘 별처럼 멀어지고
>
> 미워하려 돌아서면
> 어여쁜 꽃송이로 다가오네
>
> 주저앉아 먼 하늘 쳐다보니
> 가슴속은 가을바람이라
>
> 흐르는 것도 물이요
> 머무르는 것도 물이라 하니
>
> 이것저것 그만두고
> 물처럼 살으리라
> ―「사랑도 미움도」 전문

사랑으로 인한 상처는 미움으로 발전한다. 사랑하려 하면 '밤하늘 별처럼 멀어지고', 미워하려 돌아서면 '꽃송이로 다가' 오는 상황을 드러내며 마음대로 되지 않는 사랑을 탓한다. 그리하여 실망 가득한 화자는 주저앉아서 하늘을 본다.

그런데도 사랑을 생각하면, 가슴 속에서는 다정한 가

을바람이 분다. 이에 흐르고 머물고 하는 것이 모두 물이라는 경지에 이른 화자는 이제 물처럼 살겠다고 다짐한다. 그동안 너무 힘들었던 마음, 마음대로 되지 않는 세상에 대한 회한을 드러내며 순리에 따라 평안과 위로를 추구하려 한다. 그간, 삶이 너무도 힘난하여 지쳐버린 마음은 이제는 평안하게 살고 싶은 간절한 심정이 드러나고 있다.

> 햇빛 같은 만남의 기쁨도
> 달빛 같은 이별의 슬픔도
> 별빛같이 사라져 갔지만
>
> 개나리 피어난 언덕과
> 낙엽 떨어지던 숲길은
> 눈밭 위의 발자국처럼
>
> 세월은 강물 되어 흐르고
> 사랑이 한 줌 바람 되어도
>
> 아련한 그 시절의 추억은
> 영원히 내 가슴에 남았네
> ― 「추억은 사랑보다 진하다」 전문

그러나 시인은 절망하지 않고 아름다운 추억을 되새긴다. 생애에 가장 아름다운 날과 시간을 선명하게 그린다. 이제는 만남도 이별도 관조적으로 바라볼 수 있는 안목이 있어 사라져 가는 것들을 객관적으로 바라본다. 초월적 경지에 이른 시인의 심성이 드러나는 것이다.

아름다운 풍경이 가슴에 깊이 남아 시인을 기쁘게 하듯이 그 추억에 힘을 얻고 위로를 받으며 산다. 별빛처럼 반짝이던 시간, 만남으로 기뻤던 시간, 헤어져 달빛처럼 슬펐던 시간도 모두 아우르며 추억을 아름답게 간직한다. 당시에는 너무나 슬프기로 형용할 수 없는 안타까움을 느꼈지만, 이제는 모두 아름다운 시간 속에 있다.

3. 수평선 너머의 석양

 류승규 시인은 아픈 마음을 계절에 따라 진정한 기쁨을 되찾고자 한다. 봄이 되면 사랑하던 사람을 찾아 나서겠다고 다짐하면서 진정한 봄을 기다리고 있다. 이는 시인에게 아직 봄이 봄답지 못한 상태임을 드러낸다. 시인은 봄처럼 꽃이 활짝 피어나는 따뜻한 봄을 갈망하고 있다.
 시인에게 따뜻한 봄이란 무엇보다 그대의 현존이다. 현재 부재한 그대를 찾아 나서는 것이 화자에게 따뜻한 봄의 의미라 하겠다. 또한, 그대는 봄의 이미지로 가득한 것으로 표현하고 있다. 구석의 어딘가에 외롭게 핀 봄꽃을 찾아 나서겠다는 것은 그대가 연인의 의미를 넘어서 봄과 봄꽃의 이미지라는 것을 드러낸다.
 즉 화자는 따뜻한 것을 그리워하며 그러한 사랑을 기대하며 그러한 계절을 기다리고 있다. 혹시 꽃이 약해서 가련할지라도 용감하게 계절을 알리는 꽃을 찾아 나서겠다고 하기 때문이다. 그렇게 한송이 꽃을 만나면 그것이 화자의 마음에 진정한 봄을 알리는 것이 된다.

> 내 마음에 봄이 오면
> 그대를 찾아 나서리라
>
> 뒷산에 칼바람이 매섭고
> 강 안에 얼음이 두꺼워도
>
> 한구석 어디에서 외롭게 피어난
> 한 떨기 봄꽃을 찾아 나서리라
>
> 용감히 계절을 알리고 있을
> 가련한 그대를 찾아내리라
>
> 이제 따뜻한 바람이
> 대지를 부채질하면
>
> 계곡에는 생명이 움트고
> 세상은 온통 연녹색 축제
>
> 그립던 그대를 다시 만나면
> 내 마음에도 진정한 봄이 오리니
> ―「내 마음에 봄이 오면」 전문

그러나 류승규 시인의 봄은 아직 과거에 머물고 있다. 그립던 그대라는 것은 기억 속에 있는 그대이므로 현재에는 부재한 상황이다. 따라서 그립던 그대와 다시 만나는 것이야말로 진정한 봄이 오는 것이다. 진정한 봄은 어떤 모습으로든 그대가 있어야 한다. 한송이 작은 꽃으로 용감하게 봄을 알려주는 그대를 간절하게 그리워하고 있다.

    바람 부는 솔밭길 사이로
    바닷가를 끝없이 걸었네

    수평선 너머의 석양은
    구름을 붉게 물들이고

    찰싹이는 파도 소리 들으며
    아득한 고깃배 보았지

    솜사탕을 뿌려 놓은 듯
    별이 쏟아지는 밤하늘 아래

    기대고 마주 잡은 손에
    따뜻한 온기가 흐르고

    말 없는 대화 속에
    청춘의 단꿈이 있었지

    아쉬운 귀갓길 산마루에
    초승달이 웃고 있었고

    모내기 끝낸 논에선
    개구리가 시끄럽게 울었다
               ―「회상」 전문

사랑하는 사람과 손을 잡고 거닐던 바닷가에는 솔밭이 있고 그 길을 끝없이 걸었다. 석양이 걸리고 구름은 색을 더하면서 파도 소리가 들리는 곳에서 여유를 부리며 고깃배를 바라본다. 그렇게 밤이 오고 별빛은 쏟아지고 초승달도 웃으며 바라보아 준다. 모내기 끝낸 논에서 개구리가 시끄럽게 울고 평화로운 밤이 깊어간다.

아름다운 시간이 자꾸 기억이 나고 당신과 함께 있던 시간은 지나가 버린 지 오래다. 기억은 바래고 시간은 자꾸 흐르고 당신은 마음속에 아름답게 추억으로 남아 마음 깊이 둥지를 틀고 있다. 류승규 시인은 결코, 절망하지 않는 억새처럼 흔들리면서도 삶을 긍정하고 꺾이지 않는 강인한 모습을 드러낸다. 그렇게 그리운 시간은 찬 바람 속에서도 화자를 흔들어 대지만 절대로 꺾이지는 않는다.

살다가 힘이 들고
자신이 없어지면
잠시 내 어깨에
기대어 눈을 감아요

가는 길이 험난하고
남은 길이 멀어 보일 때
잠시 내 가슴에
안겨서 편히 쉬어요
그대 등 위에 짐을
덜어 줄 수는 없지만
그대 뒤를 따라가는
그림자 되겠습니다

그대 위해 무엇 하나
해줄 수는 없지만
마주 보며 웃을 수 있는
마음 하나 나누겠습니다

밤하늘의 별을 보며
뜨거운 눈물 한 방울
같이 흘릴 수 있는
벗이 되어 드리겠습니다

바람처럼 물처럼
같이 걸어가다가
붉게 물든 황혼 바라보며
두 손 꼭 잡아 드리겠습니다.
　　　　—「살다가 힘이 들 때」 전문

　시인은 살다가 힘들 때마다 이제는 그대를 위로해주고 편히 쉬게 해주겠다고 속삭인다. 사랑하는 그 사람에게 이제는 아주 완벽히 잘할 수 있다고 고백한다. 그대의 짐을 덜어주지는 못해도 기꺼이 그대의 뒤를 따르는 그림자가 되겠다고 다짐한다. 진정한 마음을 나누며 마주 보며 웃을 수 있기를 소망하고 있다.
　밤하늘의 별을 보고 같이 눈물을 흘릴 수 있는 친구가 되겠다고 하면서 황혼을 바라보며 두 손을 꼭 잡아주겠다고 속삭인다. 자신의 안타깝고 쓸쓸한 외로움을 자책하면서 이제는 잘해 보려고 노력하는 모습이 드러난다.
　이와 더불어서, 자신의 주변에 있는 사람들을 향한

애정을 가감 없이 드러낸다. 딸과 아들, 친구들에게 애정을 과시하며 관심 가득한 당부를 잊지 않는다.

> 새벽이슬 머금은
> 수선화 같은 내 딸아!
>
> 어릴 때는 살기 바빠서
> 같이 놀아주지도 못하였고
>
> 공부하기 힘들어할 때는
> 안타깝게 지켜보기만 하였다.
>
> 네가 아파 중환자실에 있을 때는
> 너무도 기가 막혀 울지도 못했다
>
> 이제 나의 세상은 지나가고
> 너의 세상이 펼쳐지고 있다.
>
> 네가 살아가는 동안 언제나
> 사랑과 행복만 가득하거라
>
> 아빠는 멀리서 지켜보며
> 언제나 널 응원하고 있을 테니
> ―「사랑하는 딸에게」 전문

 딸을 향한 아빠의 응원가는 끝이 없을 것이다. 류승규 시인도 아낌없이 딸을 응원하고 있다. 눈에 넣어도 아프지 않을 예쁜 딸은 수선화와 같이 아름답다. 아프다고 해서 대신 아파줄 수는 없으나 딸의 아픔에 가장 먼저 가슴이 미어진다.

  또한, 시간이 흘러 아빠의 세상은 가고 딸의 세상이 온다고 영원한 응원가를 부른다. 딸의 인생이 늘 행복하기를 바라는 아빠의 열렬한 응원가는 오늘도 끝이 없다.

태산같이 믿음직한
자랑스러운 내 아들아!

어릴 때는 좋아하던 목마도
마음껏 해주지 못하였다

질풍노도의 시절에
조금은 힘들게 하였지만

대입 때에는 걱정을 뒤로하고
한 번에 날 기쁘게 하였지

군 복무를 할 때에는 오히려
내가 네 마음을 아프게 하였구나

사회의 첫발도 단숨에 통과하여
세상 어느 아들 부럽지 않았다

세상이 아무리 거칠고 힘들어도
당당히 잘 헤쳐나가리라 믿는다

마음에 사랑과 행복만이 가득한
너만의 세상을 만들 거라

아빠는 이제 미안한 마음을 접고
언제나 너를 응원할 것이다.
　　　―「소중한 아들에게」 전문

　누구나 자녀를 키우는 일은 언제나 후회막급이다. 그만큼 힘들고 어려운 과정이 양육이라 하겠다. 류승규 시인도 좋은 부모가 되고 아빠가 되기를 노력하였으나 만족할 수가 없다. 태산같이 믿음직한 아들이지만 늘 못 해준 것만 기억난다. 그러나 훌륭하게 성장해준 아들이 고맙고 세상을 잘 헤쳐나갈 것이라 믿는다.
　이에 아빠는 그간의 미안한 마음을 접고 아들을 언제나 응원할 것을 다짐한다. 아들이 자신만의 세상을 만들어가기를 누구보다 가장 응원한다.

4. 길 위에서

　이제 인생길에서 시를 만난 류승규 시인은 시인이 되려 노력하여 드디어 시인이 되었다고 어머니에게 고유제를 올린다. 엄마가 먼 길을 간 후라 안타깝지만, 아마 가장 자랑하고 뿌듯해하고 좋아하실 것은 자명하다. 그렇게 뒤늦게 어머니께 시집 한 권을 올리고 인사를 드린다. 이렇게 잘살고 있다고 어머니께 고하고 하늘을 올려다본다. 눈은 젖어 들고 어머니의 기뻐하시는 모습이 눈에 선하게 그려진다.

친정 조카가 시인이 되었다고
　　그리도 좋아하시던 우리 엄마

　　불효자는 먼 길 가신 후에야
　　소용없는 자랑거리 만들었네

　　혹여 구름 너머 저곳에서
　　소식 듣고 잔치 벌이셨을까

　　좋아하시던 그때 보다
　　나이 더 먹은 초보 시인은

　　상석床石에 시집 한 권 올려놓고
　　젖은 눈 들어 하늘을 본다
　　　　　　—「고유제告由祭」 전문

　인생길에서 만난 사람 중에 가장 중요한 것 중 하나가 친구라 하겠다. 친구는 생사고락을 같이하기도 하며, 인생 고락을 나누는 서로 말이 통하는 사람이다. 불통이 만연한 세상에서 소통은 중요한 화두다. 불통으로 인하여 많은 문제가 야기되기 때문이다. 소통은 개인에게 있어 긍정성을 담보로 내면화할 수 있는 중요한 과정이다. 이에 무엇보다 소통이 중요할 때 오래도록 친구로 남을 수 있었던 것은 서로 힘겨운 이야기를 들어주고 위로하며 대화할 수 있었기 때문이다.

　　얼굴만 보아도
　　목소리만 들어도

> 술 한 잔을 부딪쳐도
> 우리라서 좋지 않았는가
> (중략)
> 재미도 없고 별것이 아니어도
> 이 얘기 저 얘기 실컷 하고
> 같이 즐기며 남은 날을 보내세
> ―「벗에게」부분

 소통되는 친구에게 건네는 다정한 말은 외롭고 고독한 인생길을 오래오래 함께 걸어갈 수 있고 고통을 나눌 수 있기에 소중하다. 혼자라면 해결하기 힘든 일도 친구와 나누면 훨씬 견디기 쉽고 잘 이겨낼 힘이 생긴다. 이에 친구와 함께 건강하게 우정을 나눌 수 있기를 소망하고 있다.
 친구들도 이제 나이가 들어가면서 서로 건강을 염려하지만, 목소리만 들어도 얼굴만 보아도 반갑다. 서로 이 얘기 저 얘기, 어떤 얘기를 해도 허물이 없다. 마음 편하게 대화를 하는 모습이 정겹게 드러나고 있다.

> 새벽달은 칼날처럼 빛나고
> 부는 바람에 별들은
> 얼음처럼 부서져 내린다.
>
> 지나버린 세월에
> 문득 서글퍼지고
> 버스럭거리는 낙엽 소리에
> 뜬금없이 눈물이 난다

철도 채 들지 못한 듯한데
몸은 나이만 먹었고
아무것도 한 것이 없는 데
세월은 주름처럼 구겨져 버렸다

또다시 날은 밝아오고
계절은 무심히 흘러가겠지만
오늘 밤은 왠지
잠이 오지 않을 것 같다
─「겨울 초입에서」 전문

  거스를 수 없는 시간의 흐름에 안타까움을 드러내면서 겨울 초입에 서서 매정한 시간을 서글퍼한다. 계절은 칼날처럼 차갑고 별은 얼음처럼 부서진다. 세월은 많이 흘러 나이만 먹은 채 아직 철이 들지 못했다. 회한이 겹치는 시간 속에서 얼굴에는 주름만이 보인다.
  무심하게 흘러가는 세월에 잠을 이루지 못하는 화자는 계절의 차가운 모습과 자신의 모습에 불면에 시달린다. 차가운 시간은 계속 흐르고 있어 심회를 읊으며 시정을 다듬는 류승규 시인은 이제 계절 속에서도 즐거움과 따뜻한 위안을 느끼고자 한다.

일주문에 사랑을
천왕문에 미움을

불이문에 욕심을
도솔천에 번뇌를

대웅전 부처마저
냉정히 뿌리치고

죽을힘을 다하여
우거에 올라보니

지나는 바람 소리
떨어지는 물소리

흘러가는 구름만
말없이 무심하네

진리는 무엇이고
피안은 어디인가

이곳은 어디이고
갈 곳은 어디인가
　　　　─「길 위에서」 전문

　류승규 시인은 멀리 보는 혜안을 가진 시인이다. 그는 지금의 일에 연연하지 않고 멀리 바라본다. 자신의 삶 속에서 사랑, 미움, 욕심, 번뇌를 떨쳐버리고 우거에 올라간다. 그곳에는 바람 소리, 물소리, 흰 구름이 있다. 여기까지 시인은 속세적 사고에서 벗어나지 못하였으나 다음 행부터는 반전의 의미가 살아나고 있다. 즉, 궁극적 진리에 도달하고 있는 모습을 보이는 것이다.
　여기에서 시인은 묻는다. 진리는 무엇이고, 피안은 어디인가는 그가 묻는 수많은 철학적 문제 중에 하나다.

진리라는 것은 변함이 없어야 한다. 과연 그러한 것이 있는가 하는 문제와 피안이라면 안전하고 평화롭게 살 수 있는 곳이어야 하는데 세상 돌아가는 이치는 이전투구의 진흙탕이다. 여기에 더불어 '이곳' 이 어디인지, '갈 곳' 은 어디인지를 묻는다. 이 또한 '이곳' 을 규정하기가 쉽지 않으며, '갈 곳' 은 더욱 미지의 세계이다.

5. 철학자적 시의 관점

지금까지 류승규 시인의 시를 거칠게 섭렵하여 보았다. 한 사람의 인생을 한 편의 영화로 본 느낌이다. 이 영화는 매우 철학적이라 생각을 많이 하게 한다. 순수와 낭만적 시정으로 가득 찬 그의 인식세계는 매우 독특하다.

흔히 철학자들은 낭만을 동반하지 않고, 비현실적인 세계가 아닌 추상의 세계를 드러낸다. 여기 류승규 시인은 추상의 세계인 철학과 더불어 낭만의 세계를 함께 드러내고 있다. 이에 그의 시 세계는 인간 근원과 본연의 문제들을 난삽하게 보여준다. 그가 철학적 난제에 집착하는 것은 삶이 그만큼 고단하고 힘들다는 것이며, 보다 차원 높은 세계에 고양되어 있다는 의미가 된다.

또한, 시의 세계와 철학의 세계는 사촌지간이라 할 수 있는데, 철학적 사고를 시에 접목하면서 시상을 전개한 것은 류승규 시인의 시가 품격이 남다르다는 의미가 된다. 앞으로 어떤 시 세계를 펼쳐낼지 자못 궁금해진다.